BISKOP BJARNE KOLBEINSSØN

OG

SNORRES EDDA

AF

SOPHUS BUGGE.

Særskilt Aftryk af Aarbøger f. nord. Oldk. og Historie, 1875.

KJØBENHAVN.

THIELES BOGTRYKKERI.

1875.

BISKOP BJARNE KOLBEINSSØN OG SNORRES EDDA.

AF SOPHUS BUGGE.

I Udgaverne af Snorres Edda, ligesom i flere Haandskrifter af dette Værk, vil man ved Slutningen af andet Afsnit *Skáldskaparmál*, der handler om det poetiske Udtryk, finde en lang Række Vers, forfattede i det oprindeligste Versemaal Kvidehaatt, hvilke indeholde Fortegnelser over mythiske Navne og for en stor Del poetiske eller i det almindelige Sprog ubrugelige Ord, ordnede efter Gjenstandene. Disse Vers, som man paa Island har kaldt *nafna-þulur*, har i de forskjellige Haandskrifter af Edda forskjelligt Omfang. Codex regius 2367 4to (fra Begyndelsen af 14de Aarh.) og 1eβ fol. (rimelig skreven noget før Midten af 14de Aarh.) har følgende versificerede Fortegnelser: Navne paa Søkonger, Jaatner, Troldkvinder, Tor, Odens Sønner, Jaatner, Æser, Aasynjer, Kvinder, Mænd, Kamp, Sværd, Dele af Sværd, Økse, Spyd, Pil, Bue, Skjold, Hjælm, Brynje, Sø, Elve, Fiske, Hvaler, Skib, Dele af Skib, Jord, Okse, Ko, Væder, Buk, Gjed, Hjort, Galt, Ulv, Himle, Sol. En anden Skindbog cod. A. M. 748 4to (rimelig fra Begyndelsen af 14de Aarh.) har flere Rækker. Mellem Navne paa Søkonger og paa Jaatner: Benævnelser for Konge og Dværge-Navne. Efter Troldkvinde-Navne opregnes Odens Navne. Mellem Navne paa Jorden og paa Øksne: Navne paa Træer. Efter Navne paa Sol: Maane, Dele af Døgnet, Himle, Veir, Ild, Orme, Heste, Høg, Ravn, Hane og Høne, Ørn, Fugle, Kvinde, Hu og Hjærte, Ræv *(grylu heiti)*, Haand og Dele af Haanden, Valkyrjer, (Navne paa Kvinde; 3 Vers i for-

skjelligt Versemaal), Øer (de tre første Vers i forskjelligt
Versemaal), Fjorde, Sæd, (Ægers Døtre, et Vers i for-
skjelligt Versemaal). Desuden afviger Rækkefølgen i dette
Haandskrift paa enkelte Steder; saaledes staa alle Jaatun-
Navne samlede foran Æsers Navne. Haandskriftet cod.
A. M. 757 4to stemmer, saavidt det rækker, i det væsent-
lige overens med 748; dog staa Benævnelser for Konge
foran Søkongers Navne. Det levnede Brudstykke stanser
med fjerde Linje af de Vers, som indeholde Fugle-Navne.

Af disse Navnerækker er der overmaade meget at lære
om vore Forfædres Sprog og Mythologi, om deres Kultur
og Livsforhold, om Land og Strand, der de færdedes. Her
er ikke Tale om Poesi; og dog har disse Vers vidtræk-
kende Betydning for Kjendskab til de gamle Vikingers Digt-
ning. Naar vi overskue denne Mængde af Søkonge-Navne,
er det som en Kreds af Mindesmærker, Sten reist tæt til
Sten. Til nogle Navne knytter sig endnu Sagn og Sang;
og saa har det vist været ved dem alle. Men kanské ved
de fleste har Saga glemt, hvad hun vidste, og de tomme
Navne staa igjen som Vidner om den Mangfoldighed af
Kvæder, der er forstummet, om vi end tør tro, at det ikke
var de ringeste, der mindedes. Vi gjennemlæse her Hun-
dreder af Navne paa Jaatner, Gygrer og Dværge, og vi
undres over denne yrende Rigdom af indbyrdes forskjellige
og dog hverandre naturlig udfyldende Billeder, som den
mythedannende Fantasi har skabt. Hvor lærerig er ikke en
Undersøgelse af alle disse Odens-Navnes Betydning. Hvor
anskuelig indtil de mindste Enkeltheder maa ikke Gudens
Personlighed have staaet for de Gamles Bevidsthed; hvor
mangesidig har ikke hans Virksomhed afspeilet de skiftende
Rørelser i selve Livet hos dem, i hvis Sjæl hans Billede
formedes. Overhoved indprænte disse Navnerækker os tyde-
lig, i hvilken Forestillingskreds det var, at den norrøne
Skald fornemmelig levede. Kun sparsomt har her Elemen-
ter af en fremmed mildere Kultur føiet sig ind.

Det maa da være Umagen værdt at forsøge, om det er
muligt at komme efter, naar og hvor disse Vers er blevne
forfattede. Men jeg tror allerede nu at burde sige, at det
Resultat, til hvilket jeg naar, kun er en Formodning, hvor-
til mange Tvil hefte sig.

Idet jeg foreløbig forudsætter, at de forskjellige i Kvide-
haatt forfattede Vers, der indeholde Navnerækker, høre
sammen, saa tør det erklæres for sandsynligt, at disse Vers
er ældre end Snorres Værk. Han har, tror jeg, kjendt dem
og benyttet dem ved Siden af andre Kilder i Slutningen af
Skáldskaparmál, hvor han meddeler Oplysning om uomskrevne
poetiske Udtryk (Snorra Edda ed. Arnamagn. I 464—546).
Tydeligst synes dette ved hans Meddelelse af Navne paa
Himmelen (Sn. E. I, 470): *þessi nöfn himins eru rituð, en
eigi höfum vér fundit i kvæðum öll þessi heiti: en þessi skáld-
skaparheiti sem önnur þykki mér óskylt at hafa í skáldskap,
nema áðr finni hann í verka höfuðskálda þvílík heiti: himinn,
hlýrnir* osv.; saaledes codex regius. Ligesaa i 1eβ (Sn. E.
I, 592), kun med følgende Ordstilling: *þessi eru nöfn
himins rituð.* Noget kortere i Uppsala-Edda (Sn. E. II,
341): *þessi nofn heims ero ritvð en eigi hofvm ver fvnnit i
kvæþvm oll þessi. en þessi heiti þicki mer oskyllt at hava nema
kveþit se til. hann heitir himinn* osv. Heraf fremgaar det,
at Snorre havde for sig en skreven Optegnelse, der inde-
holdt poetiske Navne paa Himmelen. Nu finde vi i Haand-
skrifterne 748 (Sn. E. II, 485) og 757 (Sn. E. II, 568 f.)
to forskjellige versificerede Rækker af Navne paa Himme-
len, medens cod. reg. og 1eβ (Sn. E. I, 592) kun har den
første af disse Rækker. Det forekommer mig da tydeligt,
at Snorre her som sin Kilde har anført enten denne ene
versificerede Række af Himmel-Navne eller begge Rækker;
til den førstes Navne-Følge har han holdt sig ved *heiðþornir,
hreggmimir, andlangr.* Som naturligt er, har han ikke vær-
diget disse Rækker, i hvilke han fandt mange ham ellers
ubekjendte Udtryk, Navn af *kvæði* og da heller ikke tillagt

14*

dem nogen afgjørende Autoritet for Skalde; han har betragtet Rækkerne som *pulur*, Ramser¹). Disse Tuler sees da ogsaa ved Navne paa Bjørn, Hjort (Sn. E. I, 478), Sol, ̄Maane (I, 472), Hjærte, Sind (I, 540), Haand (I, 542) og ved flere andre Sammenstillinger at have været blandt Snorres Kilder.

Netop den Omstændighed, at Snorre fra disse versificerede Ramser med uvæsentlige Forandringer har optaget i sin egen Fremstilling mange Fortegnelser over uomskrevne poetiske Udtryk, netop dette viser, at han ikke har indlemmet selve disse *pulur* i sit Værk. Haandskrifterne lade de versificerede Navnerækker følge umiddelbart efter Skáldskaparmál; men det er saa langt fra, at Udtrykkene i Slutningen af dette Afsnit af Edda antyde, at Forfatteren derefter har ladet Navnerækkerne følge, at de tværtimod vise det modsatte. Ti sidste Kapitel i Skáldskaparmál giver flere Exempler paa, at ett og samme Ord kan betegne ganske forskjellige Ting, hvilken Flertydighed kan benyttes til med Flid at gjøre Digte dunkle. Og det sidste, der siges, er det, at der foruden de nævnte Ord ogsaa er mange andre, som har aldeles forskjellige Betydninger. Ingen kan negte, at det er høist upassende, at der umiddelbart herefter, som i flere Haandskrifter, kommer Vers, der opregne Søkongenavne. Vi tør tro, at Snorre ikke er Skyld heri.

Denne Formodning har ogsaa ydre Støtte. Ett Hovedhaandskrift af Edda, Uppsalabók, har foran Háttatal ikke en eneste af de i Kvidehaatt affattede Navnerækker og har da vistnok heri bibeholdt det oprindelige Forhold²).

¹) Haandskrift 748 (Sn. E. II 460) har det anførte Steds Begyndelse i en anden Form: *Himins hœiti pœssi ær her erv ritin hofom ver œigi oll fvndit i kvœðom* o. s. v. Men Overensstemmelsen mellem Uppsala-Edda og cod. reg. samt 1eβ taler imod, at denne Form er den oprindelige.

²) Uppsalabók (Sn. E. II, 363) har her en ganske anden Ordning end de andre Hskrr., men dens Ordning er aabenbart

Det er altsaa, antager jeg, senere Afskrivere, der ved Slutningen af Skáldskaparmál har indføiet disse Vers, fordi de ligesom Snorres Skrift meddelte poetiske Udtryk; mulig blev ogsaa Afskrift af disse Vers, som Snorre havde benyttet, funden blandt hans Optegnelser til Skáldskaparmál.

Det er ikke sjældent, at Afskrivere indføre i et Skrift Vers, som Forfatteren har benyttet, men som det ikke har ligget i hans Plan at meddele. Saaledes optage Afskrifterne af Heimskringla ved Slutningen af Haakon den godes Saga hele Hákonarmál, uagtet Snorre ved sine Ord *þat eru kölluð Hákonarmál ok er þetta upphaf* (Ungers Udg. S. 107) viser, at han kun har indtaget Begyndelsen, jfr. Möbius's Udgave af Sæmundar Edda S. IX.

---

urigtig. Skáldskaparmál afsluttes i den med Fortællingen om Kong Hølge, hvorfra en Betegnelse for Guld er hentet. Imellem dette Stykke og Afsnittet om Versemaal er omtrent 13 Linjer udraderede, hvorover med samme Haand er skrevet 3 Vers, som her umulig kan være paa sin rette Plads. To af disse Vers opregne poetiske Udtryk for Kvinder og gjenfindes blandt Ramserne i et andet Hskr. (748) af Edda (Sn. E. II, 490 f.). Men de er i drottkvædt Versemaal, behandle sin Gjenstand paa en anden Maade end de i Kvidehaatt affattede Tuler og er sikkerlig af forskjellig Oprindelse. I Uppsala-Edda er de to Stropher, der indeholde *kvenna heiti*, fulgte af en Strophe i samme Metrum, hvilken hører til et mansöngskvæði. Denne Strophe, der ikke findes i 748, hører vistnok som *stef* oprindelig sammen med hine; jfr. Möbius Málsháttakvæði S. 59. Skulde Einar Skulessøn være Forfatteren? Jeg fremsætter dette Spørsmaal, fordi Einar Skulessøn har digtet (Ann. f. nord. Oldkynd. 1846, S. 366) de i drottkvædt Versemaal forfattede Stropher med Ønavne, som 748 (Sn. E. II, 491) har straks efter de i samme Metrum affattede og ellers fuldkommen ensartede Vers med Kvindenavne. Ligeledes synes en ved Slutningen af de versificerede Navnerækker i 748 optegnet Strophe, som nævner Ægers Døtre (Sn. E. II, 493), at høre til samme Digt. Verset, der indeholder Kvindenavne, har *æ'r* som Rim med *sværu*, altsaa Formen *er* af *vera*, ikke *es*, ligesom Einar Skulessøn rimer *vara* med *fara* i Togdrápa.

Efter nu at have vundet det Resultat, at ingen af de
i Kvidehaatt affattede Ramser hører til Snorres Værk eller
er forfattet af ham, maa vi, inden vi kan søge at opspore
deres Oprindelse, undersøge, hvorvidt de alle høre sammen.
Bestemtere stiller Spørsmaalet sig saa: Er de i Kvidehaatt
affattede Navnerækker, der i 748 (og i 757, hvor Slutnin-
gen nu er tabt) følge efter Verset med Navne paa Solen
og som mangle i codex regius og 1eβ, af en anden Oprin-
delse end de foregaaende versificerede Navnerækker, som
748 og 757 har tilfælles med codex regius og 1eβ? Dette
synes alle Udgivere og særlig Udgiverne af den Arna-
Magnæanske Udgave af Snorra Edda at have ment, ti her
er i første Bind kun de Tuler medtagne, der findes i codex
regius (og 1eβ), medens de Vers, som 748 og 757 har for
sig selv alene, betegnes (I, 546 Anm.) som »nova addita-
menta«. Denne Mening kan jeg ikke antage. For det første
er de i Kvidehaatt affattede Rækker, som 748 og 757 har
for sig selv, ensartede med og behandlede paa samme Maade
som de Vers, der tillige findes i codex regius og 1eβ. Der-
næst vilde det være høist paafaldende, om blandt poetiske
Navne for forskjellige Dyr de for Hest og Ravn skulde
savnes; ligesom man skulde vente, at den, der giver en
versificeret Fortegnelse over poetiske Navne paa Solen, og-
saa tager Maanen med. At der ikke kan lægges nogen
Vægt paa det, at en Del af Versene (alle fra *tungls heiti*
af) mangle i cod. reg. og 1eβ, det fremgaar navnlig deraf,
at Snorre i Skáldskaparmál (Sn. E. I, 472, II, 341) umid-
delbart efter Verset med Solens Navne har (ved Siden af
et Vers i Alvíssmál) benyttet den versificerede Ramse med
Maanens Navne. Ligeledes har han i det følgende benyttet
flere af de Vers, der meddele Dyrenavne og som alene findes
i 748 og 757. Snorre har altsaa af disse *þulur* i Kvidehaatt
kjendt flere end de, der findes i cod. reg.; det ham fore-
liggende Haandskrift har fortsat, ligesom 748, og efter al
Rimelighed indeholdt alle de i Kvidehaatt behandlede Ræk-

ker, som findes i 748. Der er da ingen Grund til i en
Udgave af Snorra Edda her at følge codex regius. Rigtigst
udelodes alle de versificerede Navnerækker; men indtages
de, som staa i cod. reg., saa bør man tage med de i samme
Versemaal affattede, som 748 har desforuden.

Da saaledes hele den i Kvidehaatt affattede Masse, som
er optegnet i 748, allerede synes at have foreligget Snorre
som én Samling, der helt igjennem maa siges at være nogen-
lunde ensartet behandlet[1]), saa tør man vel med Sandsyn-
lighed, forsaavidt ikke bestemte Modgrunde ved enkelte Vers
foreligge, henføre alle til én og samme Forfatter. I flere
enkelte Tilfælde kan man være i Tvil. Saaledes er det
vel navnlig usandsynligt, at de to Rækker med Himmel-
Navne (*Niu eru heimar á hæð talið* o. s. v., Sn. E. I, 595;
II, 485, 568, 627, og *Heimr, hreggmimir* o. s. v. Sn. E. II,
485, 569) er forfattede af samme Mand, da den sidste af
disse indeholder de samme Navne som den første og et Par
til; derimod tør jeg intet slutte deraf, at den anden Række
hører til de Vers, som mangle i codex regius og 1eβ[2]).
Mulig er den første af disse to Rækker af en ældre Digter
end de omstaaende Vers. Man kan ligeledes have Betænke-
lighed ved at antage Fortegnelsen over Navne paa Odens
Sønner (Sn. E. I, 553) og over Navne paa Æser (I, 555),
som begge ogsaa staa i cod. reg. og 1eβ, for at være digtede

---

[1]) At Ord i latinsk Form og Ord, som umiddelbart er optagne
fra byzantinsk Græsk, kun findes i de Vers, som 748 og 757
har for sig, er snarest tilfældigt og tør neppe forklares deraf,
at en Skriver med Vilje udelod de Vers, der indeholdt slige
for Sproget fremmede Ord.

[2]) Ved Navne paa Jaatner er Ordningen i cod. reg. og 1eβ
rigtigere end i 748 og 757: de har oprindelig været med-
delte i to adskilte Rækker, af hvilke den sidste som i 1eβ
skal slutte med *þá er nú lokit þursa heitum.* Derimod er
det maaske rigtigst, at Navne paa Odens Sønner nævnes
foran Tors Navne, saaledes som i 748 og 757.

af én Skald, da de samme Navne for en stor Del staa i
begge Fortegnelser. Lignende er Forholdet mellem Forteg-
nelsen over Aasynje-Navne (Sn. E. I, 556) og *kvenna heiti
ókend* alene i 748 (II, 489 f.), der for en stor Del er
Aasynje-Navne; samt mellem Verset, der begynder *Enn eru
aðrar Óðins meyjar* (I, 557), og *heiti valkyrja* alene i 748
(II, 490). Til et sikkert Resultat kan man her neppe naa,
og jeg føler, at der her er et svagt Led i min Slutnings-
række. Men naar vi sé bort fra de nævnte Enkeltheder,
har vi dog, saavidt jeg skjønner, overveiende Grund til at
tro, at alle de i Kvidehaatt forfattede Navnerækker er
samme Skalds Arbeide, og i det følgende, hvor jeg betragter
dem alle under ett, vil vi finde, dette bestyrket, forsaavidtsom
alle bestemmende Mærker synes at henvise til samme Tid.

I det foregaaende tror jeg at have gjendrevet den Me-
ning, at de versificerede Navnerækker skulde være yngre
end Snorre og skrive sig fra Forfatteren af den i cod. reg.
og 1eβ foreliggende Redaction, hvilken Mening er udtalt af
Rosselet (Isländ. Literatur i Ersch und Gruber Encyclo-
pädie, 2. Section 31 Theil, S. 284 b) i følgende Ord:
»Vornehmlich kann die poetische Nomenclatur nicht von
ihm (Snorre) sein; erst als die *Kenningar* in groszer Voll-
ständigkeit gesammelt waren, konnte Jemand sich veranlaszt
fühlen, sie in ein künstliches Versmasz zu bringen.« Det
vundne Resultat er af Vigtighed for Bedømmelsen af den
Form, i hvilken Edda er kommen fra Snorres Haand, saa-
ledes som jeg her ved et enkelt Exempel skal vise. Mül-
lenhoff har i en Opsats (UUĀRA und UUARA) i Zeitschrift
für deutsches Alterthum, neue Folge, IV, 152, udtalt den
Mening (som han forbeholder sig senere at begrunde), at
Gylfaginning alene i Uppsalabók foreligger i sin oprindelige
fra Snorre hidrørende Skikkelse, derimod i codex regius og
i de dertil hørende Haandskrifter i en Form, som hænger

sammen med Redactionen af hele Edda ved en anden Haand, maaské Olav Tordssøn. Fremdeles mener Müllenhoff, med Hensyn til det af ham særlig behandlede Sted i Gylfag. Kap. 35, at Snorre ikke har adskilt Aasynjerne *Vár* og *Vör*, men har skrevet vedkommende Sted, som det staar i Uppsalabók (Sn. E. II, 274); og at Adskillelsen først hidrører fra en Forbedrer af Snorre. Da Adskillelsen ogsaa, som Müllenhoff selv bemærker, foreligger i et Vers, der indeholder Aasynje-Navne (Sn. E. I, 556. II, 473, 557, 617):

> *Sigyn ok Vör,*
> *þá er Vár ok Syn,*

saa maa han med Rosselet holde de versificerede Navnerækker for yngre end Snorre. Men det modsatte tror jeg i det foregaaende at have godtgjort, saavidt det efter Kildernes Natur lader sig gjøre. *Vár* og *Vör* som Navne paa to forskjellige Aasynjer forefandtes, som vi tør tro, af Snorre i en af ham benyttet Kilde; og Snorres Textform viser sig da i det omhandlede Sted Gylf. Kap. 35 at være bedre bibeholdt i cod. reg. og Wormianus end i Uppsalabók. Hvis jeg har Ret heri, saa falder derved Müllenhoffs hele Theori. I Modsætning til denne mener jeg, at Gylfaginning ikke i noget Haandskrift foreligger i den fra Snorre hidrørende Form. Hans Værk har været underkastet en udvidende Omredaction af en Forfatter, fra hvis Skrift codex regius og Wormianus stammer. Men paa den anden Side har den Afskrift, som foreligger i Uppsalabók (fra omkring Aar 1300), paa mangfoldige Steder forvansket og forkortet det oprindelige Skrift. Snorres Arbeide kan, om overhoved, ikke paavises uden gjennem en kritisk Sammenligning af de forskjellige Haandskrifter.

Keyser har (Efterladte Skrifter I, 76 f.) om de versificerede Navnerækkers Alder udtalt en Mening, der staar i den stærkeste Modsætning til Rosselets og Müllenhoffs: »Skaldskaparmaal ender med et langt Digt, der væsentlig kun bestaar af Skaldeudtryk, næsten alle af de saakaldte uom-

skrevne (*ukend heiti*), hvilke ere ordnede i visse Afdelinger
efter Gjenstandene, som de betegne. Dette merkelige Digt
er neppe af samme Forfatter som selve Afhandlingen, hvori
det findes optaget. Det er ganske vist langt ældre, ja maa-
skee i Hovedsagen endog fra Hedendommens Tider. Det
indeholder en Mængde Navne og forældede Ord, hvis Op-
rindelse ei mere kjendes, og af hvilke en stor Del endogsaa
hos Skaldene sjælden forekomme; derimod frembyder det
ingen Benævnelser, som henpege paa Island, og kun faa,
som henpege paa Christendommen eller den christelige Tids-
alder. Disse sidste ere visse Navne for Lande, Floder og
saadant lignende, hvilke dog høist rimeligt ere senere Til-
sætninger. Vi have her udentvivl for os et ældgammelt
norsk Læredigt, sammensat for Skaldekunstens Skyld til
Skaldeudtrykkenes lettere Bevaring i Mindet og Forplantelse
ved mundtlig Overlevering.« Men der findes, som vi skal
se, virkelig Benævnelser, som henpege paa Island (*Kald-
hamarsnautr* og flere andre Udtryk, som tør siges at forud-
sætte islandske Digte), og de Benævnelser, som henpege
paa den kristelige Tidsalder, er ingenlunde faa, men over-
maade mange. At udskille disse som senere Tilsætninger
lader sig ikke gjøre uden en vilkaarlig Behandling af de
traditionelt bevarede Texter. Jeg tør saaledes heller ikke
tiltræde de Ord, hvormed Keyser slutter: »Vi have i dette
Digt et Beviis for, hvor tidlig Nordmændene have henvendt
sin Opmerksomhed paa Bevaringen af de fra det alminde-
lige Sprog afvigende Udtryk, som i Skaldenes Sprog havde
vundet Hevd.« Keyser har her, som i sin Betragtning af
den islandsk-norske Litteraturs Udvikling overhoved, lagt en
ensidig Vægt paa den mundtlige Tradition og paa Norge
som Litteraturens formentlige Centrum.

Rigtigst har efter min Mening Gudbrand Vigfusson be-
stemt de versificerede Navnerækkers Alder, naar han
(Oxforder-Ordbog, sidste Side) uden nærmere Begrundelse

ytrer, at de Vers, som indeholde Elvenavne, vel kan være
fra 12te Aarhundrede.

En Formodning om Stedet, hvor de i Snorres Edda
senere optagne Navnerækker er forfattede, har jeg antydet
i Tidsskrift for Philologi og Pædagogik VI, 93 (1865):
»Den, der forfattede Verset med Navne paa Kornsorter, kan
gjærne have kjendt Ordet *korki* fra Shetland eller Orknøerne,
ligesom der i de versificerede Fortegnelser af Ø- og Fjord-
Navne i samme Haandskrift findes mange Navne, som høre
hjemme i de skotske Farvande. Kanské har vi her endog
Spor, der kunne antyde, hvor eller af hvem disse Forteg-
nelser er forfattede?« Dette skal her nærmere udføres og
bestemmes.

Gudbrand Vigfusson har i Oxforder-Ordbogen (sidste
Side) bemærket, at mange Elvenavne, som findes blandt
Navnerækkerne i Edda-Udgaverne, høre hjemme i det nord-
lige Skotland, Caithness, Ross, Moray, Sutherland, og i det
nordøstlige af England. Han har søgt at identificere om-
trent 30 af disse Elvenavne med endnu bevarede Navne paa
skotske og engelske Elve.

Her maa jeg nu ganske forbigaa de Elvenavne, som
Versene, der er optagne i Snorres Edda, har laant fra
Grímnismál (V. 27, 28, 29), da disse vistnok fortjene Op-
mærksomhed, naar det gjælder at bestemme Oprindelsen for
Grímnismál, men intet kan godtgjøre om den Mands Hjem-
sted, der har sammenstillet de versificerede Navnerækker i
Snorres Edda.

Af de Elvenavne, som er særegne for Navnerækkerne,
maatte følgende af Enhver gjenkjendes i Skotland og
England:

Apardjón, Aberdeen i Skotland, gael. Abberdeon
(9de Aarh.) Stokes Goidelica [2] p. 115. At dette Navn her
er opført som Elvenavn, er vel at forklare deraf, at Ordet
aber egentlig gjælder Elve-Udløbet. Den norske Konge
Øystein Haraldssøn landede 1153 ved Aberdeen, og Skalden

Einar Skulessøn nævner *at féll . . . . Apardjónar lið* (saga
Inga ok brœðra hans Kap. 20 i Heimskr.). Byen nævnes
ogsaa i Orkn. s. S. 330, hvor det fortælles, at Svein Aas-
leivssøn drog til den skotske Konge Mælkolm i Aberdeen
(1154; Flat. II 491 har feilagtig *Ardion*).

Tvedda, Tweed i Berwick Shire, tildels Grænseelv
mellem Skotland og England. (I Cheshire er en Elv af
samme Navn.)

Humra, Humber. Den samme oldnorske Navneform
forekommer f. Ex. i Fms. VI, 406; Egils s. Kap. 62 S.
405; Breta sögur Kap. 35. Andre Steder skrevet *Humbra*.

Tems, Thames. Den samme oldnorske Navneform
forekommer ofte, f. Ex. Ólafs s. helga Chria 1853 S. 19 f.;
andensteds skrives *Temps*.

Flere Navne er blevne bestemte af Vigfusson.

Spe (*Spæ* 748), Spey i Skotland, hos Giraldus Cam-
brensis (1180) skrevet *Spe*, falder ud i Moray Firth. Efter
skotske Krønikeskrivere vandt Mælkolm Kenedhs Søn om-
kring 1000 en stor Seir over Nordmændene ved Murtillach
ikke langt fra Spey (Munch Norske Folks Historie b, 643).
I Knockando paa den nordlige Bred af Spey, Moray, er
der en Sten (Stuart, Sculptured Stones of Scotland pl. CV),
som ikke alene har romerske Bogstaver, men ogsaa Runer.
Disse, som Stephens har læst *SIKNIK*, tror jeg at maatte
læse *SIKUIK*, d. e. Kvindenavnet *Sigveig*.

Nis, Ness i Skotland; falder ud ved Inverness. I
1197 vandt Kong Viljams Hær en Seir over Nordmændene
ved Inverness. Da Navnet *Nis* i Haandskrifterne af Edda
skrives med *s*, tør man ikke forstaa det om Niså i Halland,
da dennes Navn i Saga-Haandskrifterne skrives med *z*.

Alin, Alne (Aln) i Northumberland; rinder forbi Aln-
wick og falder ud ved Alnmouth. Den skotske Konge
Mælkolm Kanmor, som oftere nævnes i Orkneyinga saga,
faldt ved Alnwick neppe 8 Uger efter Olav Kyrres Død
1093. Der er flere andre Elve i England og Skotland, som

hede Aln, Allen eller Allan; men det er ikke rimeligt, at
Forfatteren har tænkt paa nogen af dem.

Ekla efter Vigfusson O y k e l, der udspringer i det indre
af Sutherland og falder ud mellem Dornoch og Tarbet.
Dette er vel sandsynligt, uagtet Oykel i Sagaerne kaldes
Ekkjall. Denne Elv og *Ekkjalsbakki* (om Navnets Betydning
se Anderson Orkneyinga saga S. 107) nævnes ofte i Kam-
pene mellem Nordmændene og Skotterne.

Skjálg (748 skriver for sig *skialg*, dette er derimod i
cod. reg. forbundet med det foregaaende Navn til *avðskialg*,
i 1eβ til *vtskialg*), S h a l l a g Water i Ross.

Durn (i 748 og 757 *Dyrn*), efter Vigfusson D u r n Water
i Skotland (mig ubekjendt).

Lodda, efter Vigfusson L u d d River i England (mig
ubekjendt).

Mynt (748 *mynd*) opføres af Vigfusson som en engelsk
Elv med den Bemærkning »M i n t (Johnston)«.

Mange af Vigfussons Forklaringer synes dog tvilsomme
eller usandsynlige. *Nið* skal være N i t h, der falder ud i
Solway Firth ved Dumfries. En Bielv til Ouse i Yorkshire
heder Nid eller Nith. Men da *Raumelfr*, *Dröfn* (Dramselven
med Dramsfjorden) og *Gautelfr* forekomme blandt Elvenav-
nene i de versificerede Navnerækker, saa kan *Nið* her lige-
saavel være en af de norske Elve af dette Navn, og da
snarest den, der falder ud ved *Niðaróss.*

Bró efter Vigfusson B r o r a i Skotland. Men paa det
Sted, hvor nu den lille By Brora ligger, var i lang Tid den
eneste større Bro i Sutherland (Worsaae, Minder om de
Danske og Nordmændene, S. 321). Man maa derfor med
Worsaae tro, at det gamle Navn paa Brora var *Brúará*,
saaledes som ogsaa en Elv paa Island heder. Desuden har
1eβ og 757 *bra.*

Mein er efter Vigfusson M e i n Water i Skotland
(i Dumfries Shire). Men om man end ikke tør lægge Vægt
paa, at Verset forbinder *Mein ok Saxelfr*, saa har dog vist-

nok snarere N. M. Petersen (Gammelnord. Geogr. 1,169)
Ret i at forstaa *Mein* om den tydske Mayn[1]).

Et af Versene nævner Elvenavnene *Dun* (*dyn* 757), *Ógn*,
Dyna, *Dyn* (*dun* 1eβ) i den her anførte Rækkefølge. Vigfus-
son forstaar *Dyna* om den skotske Don River, der falder ud
ved Gammel Aberdeen, og *Dun* om den engelske Don R., der
forener sig med Ayre, Ouses Bielv (Doon falder ved Ayr
ud i Firth of Clyde). Men hvorvidt den skotske eller engelske
Elv her er ment, lader sig ikke bestemme, da der i andre
europæiske Lande gives bekjendte Elve med lignende Navne:
Donau hed oldn. *Dúná* (deraf *Dúnheiðr* i Hervarar saga);
i Fas. III, 239 er *Dyna* Navn paa Düna i Rusland.

Et Vers har følgende Række:

> *Maura, Móða, þrym,*
> *Morn ok Gautelfr.*

Istedenfor *Maura* har 748 *mavrn*, 757 *mörn*. Det kan alt-
saa kun være en Uagtsomhed, naar Vigfusson efter dette
Linjepar har opført tre Elvenavne *Maura*, *Morn* og *Njörn*;
det sidste, som han har indsat ved Conjectur for Haand-
skriftets *mörn* og gjenfundet i den skotske Elv Nairn, maa
ogsaa for Alliterationens Skyld afvises. Genitiv *mörnar* eller
marnar af det Ord, som betegner en Elv, forekommer desuden
oftere hos Skaldene. — *Maura*, der, som paapeget, ikke er en
sikker Form, opfatter Vigfusson som Strath More, i Suther-
land, Skotland. *Mörn* forstaar derimod Egilsson om den
franske Flod Marne (der dog i den tidlige Middelalder hed
Maderne, lat. *Matrona*). I Norge var *Mörn* det gamle Navn
paa Mandalselven (samme Navn kan ogsaa paavises andre
Steder).

Ver, saaledes læser Vigfusson som eget Navn og for-
staar derved Wear (eller Were), der falder ud tæt ved
Sunderland. Men ialfald de fleste Afskrivere har opfattet

---

[1]) Hvorvidt Petersen anf. St. med rette forstaar *Yn* om Inn,
tør være mere tvilsomt.

Ver som første Sammensætningsled: i codex regius skrives *vervapa*, i 1eβ *veruaða*, i 757 *uerveða*, i 748 *ver vóða*.

Ró gjenfinder Vigfusson i Rye River, Bielv til Derwent, i Yorkshire. Men Navneligheden alene er vel ikke tilstrækkelig til at gjøre denne Opfatning sikker. Der er i Skotland mindre Elve med lignende Navne, paa hvilke jeg ikke tør tænke: Rye, Bielv til Garnock, Ayrshire; Roy River i Inverness.

Mun (saa cod. reg., 1eβ, 757; kun 748 *myn*) efter Vigfusson Maun River, Nottingham Shire.

Derimod tror jeg med nogen Sandsynlighed at gjenfinde nogle andre af de i Versene nævnte Elvenavne i Skotland og England.

Hjálmunlá, sammensat med *lá*, Vand, især om Brændingen ved Stranden, (af Vigfusson mod Hskrr. spaltet i to Navne *Hjölmun, Lá)* er vel den samme Elv som eller den yderste Del af *Hjálmundalsá* (Flat. II, 465), nu Helmsdale-Water, den Elv som gjennemstrømmer Helmsdale, den første større Dal i Sutherland søndenfor the Ord of Caithness. Langs Elven ligge flere Steder, som endnu bære sine norske Navne (Worsaae, Minder om de Danske og Nordmændene, S. 324), og Dalen spillede en Rolle i Sagatiden: her boede Frakark og Olver Rosta.

Gera, maaské Garry i Glen-Garry, Inverness. En anden Elv af samme Navn, i Perthshire, forener sig med Tay.

þrym, mulig Trim Water, en liden Elv, der strømmer fra Syd forbi Edrish og falder i Spey.

Gilling, mulig Gilling, en liden Elv, der øst for Richmond falder i Ouses Bielv Swale. Herved er at mærke, at Elvenavnet *Svöl*, som den i Edda optagne Navnerække har beholdt fra Grímnismál, af Vigfusson forstaaes om Swale. Rækkefølgen i Verset *Gilling ok Nil, Ganges, Tvedda* trodser vistnok al geographisk Orden, men det samme gjælder om Rækkefølgen paa mange andre Steder i disse Vers.

Luma kunde mulig være Lunan River i Forfar Shire, Skotland, eller en af de engelske Elve, som hede Lune (saa heder bl. a. en Bielv til Tees i York Shire).

Et Elvenavn skrives *gloð* i cod. reg., *glaud* 1eß, *gløð* 748. Herved er vel neppe tænkt paa Clyde, oprindelig *Clota*, irsk *Cluad*.

Ísa kan mulig være for *Úsa*, det gamle norske Navn paa Ouse, Bielv til Humber.

Endelig kan nævnes den Mulighed, at *Ofn* (saa 748 og 757; *ogn* cod. reg., *augn* 1eß, hvilket neppe er rigtigt, da *Ógn* staar i et følgende Vers) har været bøiet *Öfn*, Gen. *Afnar*, og er det britiske Elvenavn Avon, hos engelske Forfattere fra Middelalderen skrevet *Afen, Afene, Afne.*

Hvor stor Uvished der end hersker ved Bestemmelsen af mange af de i Versene nævnte Elvenavne, saa synes vi dog, efter hvad jeg i det foregaaende har sammenstillet, ikke alene berettigede men endog nødte til at antage, at Forfatteren enten af egne Reiser eller af jævnlige Samtaler med Andre har været vel kjendt i Skotland, især i de Egne, hvor Nordmænd stadig færdedes, og i de af Nordboer, navnlig Daner, befolkede Dele af Nordengland. Snarest føres Tanken hen til en paa Katanes eller paa Orknøerne boende Nordmand.

De versificerede Navnerækker indeholde vistnok Navne paa Elve ogsaa i andre, tildels fjærne, Lande; men det er Navne, som ialfald efter Korstogenes Tid tør forudsættes at have været almindelig kjendte af dannede Nordmænd.

Forfatterens Lokalkundskab oplyses fremdeles ved Ønavnene, hvis vi holde os til den Mening, at de skrive sig fra samme Mand som Elvenavnene[1]). Se om disse Ønavne Munchs Afhandling i Annaler for nord. Oldkynd. og Hist. 1846 S. 81—92 og S. 365—367 (Samlede Afhandl. I, 203—212). Her viser sig meget omfattende og nøiagtigt

---

[1]) Af Ønavnene vedkomme os her kun de, som er optagne i de i Kvidehaatt forfattede Vers.

Kjendskab til hele den norske Kyst. Munch har gjenkjendt
næsten 80 Navne som Navne paa norske Øer. Flest til-
høre Haalogaland og Hordaland; mange maa søges i Sønd-
møre og Nordmøre, Firdafylke, Rygjafylke, Naumdølafylke.
Fra det sydlige Norge er der forholdsvis færre (jeg har talt
5 fra Viken og Elvsyssel). Derhos nævnes 1 af Færøerne
(*Dimun*), 4 Øer som høre til Hjaltland, 5 af Sudrøerne, 1
af Orknøerne (*Vigr*, der dog ogsaa kunde være Vigeren paa
Søndmøre), 9 af de for Nordmænd mest bekjendte danske
Øer, 1 engelsk (*Syllingar*), 2 vendiske (*Usna, Hedinsey*), 2
græske (*Krit, Kipr*). Denne Fortegnelse kunde meget vel
være forfattet af en Mand, der var født i Norge; men at
saa skulde være Tilfælde, bliver usandsynligt derved, at der
blandt Elvene ikke nævnes andre norske end *Raumelfr,
Dröfn*, mulig *Nid* og *Mörn*, samt Grænseelven *Gautelfr*, der-
imod en hel Del fra Skotland og England. Snarere kunde
man tænke paa en i Norge vel kjendt Islænding som For-
fatter. En saadan Formodning vilde ikke svækkes ved den
Omstændighed, at ingen islandske Ønavne forekomme; ti de
efter gammelt Vidnesbyrd af Einar Skulessøn digtede Vers
om Ønavne (Annal. f. nord. Oldk. 1846, S. 366) indeholde
kun norske Navne. Men Hensynet til Elvenavnene gjør det
ogsaa mindre raadeligt at tænke paa en Islænding. Mod
en Orknøing kunde man anføre den Omstændighed, at der
er saa mange Ønavne fra Haalogaland. medens man dog
pleiede at seile over til de skotske Øer fra det sydvestlige
Norge, og man kunde mene, at dette talte for en Islænding;
men herved er at mærke, at Forfatteren aabenbart har hørt
en overraskende Mængde af gamle Fortællinger og Digte,
og allerede af disse maatte han have lært at kjende ialfald
mange af de Navne paa Øer ved Haalogalands Kyst, som
her er nævnte. Mangelen af Navne fra Orknøerne kan ikke
mere tale mod en Orknøing som Forfatter end Mangelen af
islandske mod en Islænding. At en Mand, der vidste at
nævne flere af de hjaltske Øer og af Sudrøerne samt ad-

skillige Elvenavne fra det nordlige Skotland, ikke skulde
kjende Orknøerne, er aldeles utroligt. Hvad Grunden er
til at han ikke opregner dem, skal jeg lade være usagt.
Man kunde tænke sig, at det, naar han boede der, syntes
ham overflødigt at nævne de Øer, som han og hans Lands-
mænd havde for sine Øine eller om hvilke de hørte tale
hver Dag. Men et Argument hentet herfra vilde være tve-
ægget.

Fjordnavnene vise hen til de samme Kyster som
Ønavnene: det er Navne fra Hjaltland (*Jali*, Yellfirth); fra
Haalogaland (*Ófóti*, Ofotens-Fjord i Salten; *Glaumr*, Glom-
fjord; *Vefsnir*, Vefsen-Fjord i Helgeland; *Harmr*, Brønnø-
Fjord i Helgeland; *Eitri*, Eiter-Fjord paa Grænsen af
Namdal og Helgeland; *Fold*, enten Folden i Nordland eller
i Namdal eller Christiania-Fjord); *Sogn*, Sogne-Fjord og
dens Sidearm *Heyjangr*; *Harðsær*, Leden til Hordaland;
Harðangr (en Fjord af dette Navn ogsaa i Helgeland);
Angr, Gravens-Fjord i Hardanger; *Stafangr* (saa hed ogsaa
en Fjord i Søndfjord); *Tregi*, Tregde-Fjord ved Mandal;
Grenmarr, Havbugten udenfor Langesundsfjorden; *Goðmarr*,
Gullmaren i Bohus Len; *Hroði*, uvist hvilken. Det tør
nævnes som en Mulighed, at Forfatteren kjender *Goðmarr*
fra et Tog, som Kong Sverre foretog did Aar 1197; ti dette
falder, som jeg senere skal søge at vise, i Forfatterens
Levetid, og det er den eneste Leilighed, ved hvilken Navnet
forekommer i Sagalitteraturen; se Sverris saga, Ungers Udg.,
Kap. 139, S. 144.

Den Opfatning, at de versificerede Navnerækkers For-
fatter er en Orknøing, støttes ved flere i dem forekommende
gaeliske og engelske Ord. Som Navn paa en Kornsort
staar (Sn. E. II, 493) umiddelbart efter *ginhafri* Ordet
korki, om hvilket jeg har vist (Tidskr. for Philol. og Pæd.
VI, 92 f.), at det er det gael. *coirce*. At Ordet kan have
været kjendt paa Island eller i Norge, er vistnok muligt,
men dets Brug i disse Lande er ikke bevist. Derimod véd

vi, at det har været brugt i det norske Sprog paa de
skotske Øer, ti paa Shetland eller vel nærmest paa Øen
Foula optegnede Low i 1774 *corka coust*, d. e. *korka-kost(r)*,
for »oatbread«. — Blandt Navne paa Oksen (Sn. E. I, 588)
staar *tarfr*, der er optaget fra gael. *tarbh*, oldir. *tarb*, ud-
talt *tarv*, == gall. *tarvos*. Dog forekommer dette Ord ogsaa
paa Island: i et Vers i Eyrb. K. 63 S. 117 Vigf. og, saa-
vidt jeg kan sé, endnu i Talesproget. — Til *gargan* Orm
(Sn. E. II, 487), der ellers ikke nogensteds læses, findes
ingen Stamme i Nordisk, og Ordet synes allerede i sin
Form unordisk. Egilsson og Vigfusson opføre det som Intet-
kjønsord, men intet andet Ormenavn er af Intetkjøn. Det
maa være Hankjønsord. Men der er meget faa Ord paa
-*ann* af hjemlig Oprindelse (*aptann, Herjann, þjóðann*), der-
imod er i Islandsk optaget en Mængde gaeliske eller irske
Navne eller Tilnavne paa *an* (jfr. Vigfusson Oxforder-Ordb.
p. XXXII a): *Bekan* == irsk *Becán*, egentl. paululus; *Feil-
an* == irsk *Faelán*, o. s. v. Ved samme Afledningsendelse
án dannes i Irsk Deminutiver, ogsaa af Adjectiver (Zeuss-
Ebel Gramm. Celtica 273). Jeg tror derfor, at *gargan* er
optaget fra et gael. *gargán*, der er afledet af gael. og irsk
garg »fierce« (Stokes Beiträge zur vergl. Sprachforsch. VIII,
351), ogsaa »bitter, tart, acrid, pungent« (M'Leod & Dewar
Gaelic Dictionary). — Som Navn paa Bjørnen opføres *mösni*
(saa efter cod. reg.; *mosne* 1eβ) eller *mösmi* (*mosmi* 748,
757) Sn. E. I, 590. Dette Ord forekommer ellers aldrig
i den norrøne Litteratur. I Form er det ligt *mosma* Acc.
pl. masc., der i Rígsþula 38 ved Siden af *meiðmar* nævnes
som Betegnelse for Gaver, Høvdingen skjænker sine Mænd[1].
Men dette synes at have en Betydning, som neppe tilsteder noget
Fællesskab. Mulig kan *mösni*, *mösmi*, Bjørn, være en ved Ind-

---

[1] *masm*, fem., i Vesterbotten, Etui for Sysager og Ildtøi, hører
   vel til finsk *massina*, *massi*, Pung (til Tobak og Ildtøi).
   Se om dette Ahlqvist, Kulturord, S. 135.

flydelse af det i Rígsþula forekommende Ord paavirket Ændring
af irsk *mathgamhan*, Bjørn, senere *mathghamhuin*, sammen-
draget *mathon*, *mahon* (hvoraf Familienavnene Mac Mahon og
O'Mahony); ti det læspende *th* ligger nærved *s*, jfr. f. Ex.
oldn. *súst* = *púst*, Tærskestav, hvilket Ord ogsaa er af irsk
Oprindelse. Smlg. mine Bemærkninger i Aarb. for nord. Oldk.
1870 S. 195. — Blandt Benævnelser paa Fartøier staar *lung*
(Sn. E. I, 582). Dette er det gael. *long*, der allerede fore-
kommer i Oldirsk (Gramm. Celt. p. 4), = cymr. *llong*,
Laanord fra det latinske (*navis*) *longa*. Ordet *lung*, neutr.,
findes ogsaa i et Vers af Hjaltlændingen Odde den lille
Flat. II, 486 (hvor Hskr. feilagtig har *lyng*). Det var dog
tillige kjendt paa Island (i Snorres Háttatal Sn. E. I, 646)
og brugtes allerede af Hallfred i hans erfidrápa (digtet
1001—1002) om Olav Tryggvessøn (Fms. II, 323; Vigfusson
Fornsögur S. 208 V. 14).

Der er vel endnu flere af de i Navnerækkerne opførte
Ord, som kunde være af gaelisk Oprindelse; men den blotte
Lydlighed kan være tilfældig og let lede paa Vildspor.
Saaledes ligner det ellers ubekjendte *viti*, Ravn, (Sn. E. II,
488, 571) gael. *fitheach*, Ravn; men Egilsson forklarer *viti*,
der synes dannet som *liti*, et andet Navn paa Ravnen, af
vita, hvorefter det maatte betegne »den (forud)vidende«
eller »den varslende, bebudende«. *dini*, Ild, (Sn. E. II,
486) der ellers ikke forekommer, ligner ir. *tene*, Ild, gael.
teine. Blandt Benævnelser paa Haanden og paa Dele af
Haanden nævnes *lámr* mellem *bógr* og *hnefi* (Sn. E. II, 490).
Man har antaget *lámr* for overført fra gael. *lamh*, oldirsk
lám = cymr. *llaw*[1]). Dette synes dog neppe grundet, da

---

[1]) Cymriske Ord venter man ikke i Navnerækkerne. Naar der
i 748 Sn. E. II, 487 blandt *orma heiti* er opskrevet *snill-
ingr viðnir sœrfr ok vindvðr*, saa er derfor Ligheden med
cymr. *sarff* (af roman. *serpe* = lat. *serpens*) vistnok tilfældig,
saa meget mere som 757 (Sn. E. II, 570) har *vidskefr ok
vinduðr*.

Ordet vel staar i Forbindelse med norsk *lóm* m. Lab (Sønd-
møre og fl.), *handlóm* Haandflade (Østerdalen). *lámr* synes
ogsaa at have været brugt i daglig Tale paa Island, ti
ellers havde vel Snorre neppe fra sin versificerede Kilde be-
holdt Ordet Sn. E. I, 542: *Hönd má kalla mund, arm, lám,
hramm.* Dog kan Ordet mulig støtte den Mening, at Navne-
rækkerne er forfattede af en Orknøing, ti Edmonston (Etym.
Glossary of the Shetland & Orkney Dialect) opfører fra
Shetland *»Loamicks*, the hands: a cant word.«

Som Navn paa en Kornsort er umiddelbart efter *korki*
nævnt *barlak*, der ingensteds findes optegnet fra Island eller
Norge; det er det gammel-engelske *barlik*, hvoraf ny-eng.
barley. — *kokr*, Hane, (Sn. E. II, 488) vistnok nærmest af
eng. *cock*, forekommer ellers ikke i den gamle Litteratur,
skjønt Deminutivet *kjuklingr* findes i Norsk. — Endnu kan
her mindes om, at Ordet *sauðnir* for Høg (Sn. E. II, 488),
der vel er afledet af *sauðr*, foruden i et af de her behand-
lede Vers kun kjendes fra et Vers af Ragnvald Jarl Orkn.
79,7 (Flat. II, 475, hvor *saudins* er Feil for *saudnis*).

Hvert af de her anførte Ord (og navnlig *lung, lámr,
sauðnir*) kan for sig ikke med synderlig Virkning læg-
ges i Rette for at faa paavist Navne-Tulernes Oprindelse;
men tilsammen synes de mig at give den Mening, at disse
er forfattede af en Orknøing, Vægt.

Med Hensyn til Forfatterens personlige Stilling synes
det nødvendigt at antage, at han har været en Mand med
geistlig Dannelse. Herfor taler det, at han paa flere Ste-
der har optaget den latinske Benævnelse paa vedkommende
Gjenstand: *laurus, cipressus* (Sn. E. II, 483), *luna* (II, 485),
dies, nox (ibid.), *coruus, gallus, gallina, aquila* (II, 488).
Hertil er vel og at regne Ormenavnet *skorpio* II, 570 eller
scorpion II, 487; jeg formoder, at Forfatteren rigtig har
skrevet *scorpio.* Er Ormenavnet *rabia* optaget fra Middel-
alderens Latin? Mest bevisende er *emisperium* (Hskr. *eim-
spernim*) blandt dœgra heiti (Sn. E. II, 485), ti det viser

hen til Læsning i et latinsk, snarest sprogligt Arbeide fra Mid-
delalderen. Et Haandskrift fra 9de Aarhundrede i Erfurt
indeholder tre latinske Glossarer, hvoraf navnlig det ene
forklarer mange latinske Ord dels paa Latin, dels paa
Angelsaksisk eller nærmere Nordengelsk. Dette Glossar,
som altsaa (middelbart) skriver sig fra en Engelskmand,
er udgivet i Neue Jahrbücher für Philologie und Pädagogik,
13ter Suppl. Bd., 1stes Heft, 1847. Her findes S. 327
Ordet *hemisphaerium* netop skrevet paa samme Maade *emi-
sperium* og forklaret ved *aer* (samt paa samme Side *emi-
sperioni, semiscirculus* [sic]).

Ved Paavisningen af, at Versenes Forfatter er en
geistlig dannet Mand, rimelig fra Orknøerne, er tillige vun-
det den Tidsbestemmelse, at Navnerækkerne er fra kristelig
Tid, ja vel endog ikke saa lidet yngre end Kristendommens
Indførelse. Til samme Slutning fører Iagttagelsen af mange
andre Enkeltheder i Navne-Tulerne.

Disse opregne mange Benævnelser paa Sværd, der kjen-
des som Navne paa historiske Mænds Vaaben. *Kvernbitr*
var Haakon den godes Sværd; ved hans Side stod i Slaget
paa Fitje (961) Islændingen Toralv Skolmssøn, der svang
Fetbreiðr. *Skrýmir* tilhørte efter Kormaks s. Kap. 12, 27
og Egils s. Kap. 87 Islændingen Steinar, Anund Sjonas
Søn, der døde ved 984. At *Hvitingr* er Navn paa Berses
Sværd i Kormaks s. Kap. 9, tør ikke med samme Føie
nævnes, da Sakse (Müllers Udg. S. 355) kjender Hviting
som et af Halvdan Borkarssøns (Borgarssøns?) Sværde.
Hneitir blev baaret af Olav den hellige. Disse Sværdnavne
i de versificerede Navnerækker er dog ikke sikre Tidsmær-
ker; ti de kan have været brugte som poetiske Betegnelser
for Sværd i Almindelighed, før de blev Navne. Vi finde
saaledes i Fortegnelsen *leggbiti* (cod. reg., 1eβ) eller *leggbitr*
(748, 757), og *Leggbitr* hed Magnus Barfods Sværd, men
leggbiti for Sværd findes dog allerede i et Vers af Halldor
Ukristne Ol. s. Trygg. Kap. 114 (124). Jeg tør da heller

ikke søge andet end en sproglig Overensstemmelse mellem
skarði blandt Sværdnavne i 748 og 757 (*skarðr* cod. reg.
og 1eβ) og *Skarði*, Baglerhøvdingen Andres's Sværd 1218.
Lidt mere tør man vel slutte af et Ord, som staar blandt
Udtryk for Sværdets enkelte Dele (*heiti á sverði*): *kald-
hamarsnautr* (saa cod. reg., *kallhamarsnautr* 757; vistnok
forvansket i 1eβ: *kalldhamarr nautr* og i 748: *kallhamrar*).
Dette Ord maa vel være hentet fra et Vers, som i Bjarnar
s. Hítdœlakappa (Kap. 27 S. 50) tillægges Sagaens Hoved-
person; her kaldes de to Hænder *braut kaldhamarsnauta*.
Denne Saga fortæller (S. 9 ff.), at Bjørn opholdt sig hos
Kong Valdemar i Gardarike og der fældte Kaldemar, der
var Valdemars nære Slægtning og som havde udæsket Kon-
gen til Holmgang. Bjørn fik derfor af Valdemar rige Gaver
og deriblandt et Sværd Mæring, som Kaldemar havde eiet.
Man kan vel ikke tvile om, at Sagaforfatteren har sat det
omskrivende Udtryk om Hænderne i Bjørns Vers i Forbin-
delse med Sværdet Mæring, og man maa vel derfor læse
Kaldamars-nauta (jfr. *Hvítakristr* og lign.) eller *Kaldimars-n.*[1]).
Rigtignok vækkes Betænkeligheder derved, at Verset har
Flertalsformen *nauta* og at den i Edda optagne Ramse nævn-
ner *kaldhamars-nautr* som Navn paa en Del af Sværdet,
ikke paa hele Sværdet; men disse Betænkeligheder turde
kanské bortryddes ved at forklare *Kaldamars-nauta* ved
hjalta. Nu er Fortællingen om Bjørns Kamp i Gardarike
(der efter Vigfusson maatte have fundet Sted 1008—9)
aabenbart en Fabel[2]), og Navnet *Kaldimarr* er lavet efter
Valdimarr. Verset, der nævner *Kaldamars-nauta*, kan der-
for ikke være digtet af Bjørn, men først rum Tid, efter at
Bjørn levede, og den i Edda optagne Ramse, der igjen har

---

[1]) Paa samme Maade er i Eirspennill (Konunga ss. udg. af
Unger S. 53 L. 5) skrevet *valldhamars* for *Valdimars*.
[2]) Efter Fms. IV, 110 fik Bjørn Mæring af Olav den hellige.

laant Udtrykket fra dette Vers, tør vi saaledes vist ikke
sætte højere op end i 12te Aarhundred[1]).

Mange Ord, der er optagne i de versificerede Navne-
rækker, kan ikke have været brugte i Norsk, førend Nord-
mændene ved Vikingetogene havde lært at kjende sydligere
boende Folk, navnlig Franskmændene, dels middelbart gjen-
nem Englænderne, dels umiddelbart.

Det romanske Værdighedsnavn *sinnjórr* (Sn. E. II, 469,
551) blev vel indført i Norrøna af Sigvat, der oftere anven-
der det. Denne Skald har overhoved langt mere end andre
islandske Skalde fra omtrent samme Tid optaget Udtryk og
Motiver fra de forskjellige Folk, blandt hvilke han færde-
des. — Som hædrende Udtryk for Mænd er opført *prýði-
menn* (Sn. E. I, 560), af *prúðr*. Dette Adjectiv, der nær-
mest er kommet fra Engelsk, men som er af romansk
Oprindelse, forekommer ligeledes først hos Sigvat. — Et
Laanord fra Engelsk (neppe Tydsk) er *kenpa*, der ikke
bruges i den gamle Digtning, men optræder i det 13de Aar-
hundreds Prosa. — *mútari* (Sn. E. II, 488, 571) forudsæt-
ter Kjendskab til romanske Folks Falkejagt. Det er atter
Sigvat, hos hvem vi først møde dette Ord (*tármútaris* Fms.
VI, 42). Ellers er Ragnvald Jarls Háttalykill det eneste
gamle Digt, hvor Ordet forekommer. Fremmede Fuglenavne
er ogsaa *gripr*, der ellers ikke kan paavises andensteds end
i Þiðriks saga, og *pái*. Dette sidste Ords Brug som Til-
navn viser dog, at det var kjendt i Norden allerede ved
Midten af 10de Aarhundred; Vigfusson formoder, at Olavs
irske Moder Mælkorka har givet ham dette Tilnavn. —
Forfatteren nævner (Sn. E. II, 482 f.) fremmede Frugttræer:

---

[1]) Vigfusson, Um tímatal, S. 457 ytrer: »í sverðsheitum er
sverð kallað Kaldimarsnautr, og mun það vera fornt heiti,
og forn saga liggja til grundvallar«. Men herimod taler den
Omstændighed, at Navnet *Kaldimarr* øiensynlig er lavet efter
Valdimarr.

plóma, der ellers ikke omtales i den gamle Litteratur, og
pera, der forekommer i den efter en fransk Original skrevne
Karlamagnús saga. *pálmar* fører os til Korstogenes Tids-
alder; ved Bortreisen fra Palæstina kvad Ragnvald Jarl et
Vers, hvori han nævner *pálmr* (Flat. II, 487). — Tidligere
blev i Norsk, paa Grund af Korntilførsel fra England, op-
taget *flúr*, Hvedemel, der nævnes blandt *sáðs heiti* (Sn. E.
II, 493) i samme Vers som *mjöl* (Egilsson oversætter det
her ved »flos»). *hirsi* er vel kommet fra Tydsk.

Kanské nærmest fra Normannerne er en Del Vaaben-
navne overførte. *lenz*, Lanse, der ellers ikke kan paavises
i den gamle Litteratur.

peita, egentlig en Lanse fra Poitou. Ordet forekommer
i et Vers (Fms. IV, 282), som tillægges Einar Tveræing
1024, og i et Vers (Fms. II, 316) af Stein Herdisessøn,
om 1070. Det er anvendt af Ragnvald Jarl i hans Hátta-
lykill.

buklari, ellers ikke i norrøn Skaldskab. Blom (Aarbøger
for nord. Oldkynd. 1867, S. 89) mener, at dette lille runde
Skjold først i 13de Aarhundred er kommet i almindelig
Brug i Norden; dette lader sig neppe godtgjøre, og selv,
om saa var, kunde Ordet, der er af fransk Oprindelse, alle-
rede i Forveien have været kjendt af Nordboer.

Derimod er *kesja* kanské af keltisk Oprindelse: gam-
melirsk *ceis*. i. sleagh 'hasta' O'Clery (Stokes, Some Re-
marks on... Curtius' Greek Etymology, Calcutta 1874,
p. 33). Ogsaa dette Lansenavn er allerede brugt af Stein
Herdisessøn.

Til Frankrige, hvor Elvenavnet *Leira*, Loire, hører
hjemme, føres vi ligeledes ved flere her optegnede Navne
paa Skibe. *galeið*, først, saavidt vi véd, brugt af Halldor
Skvaldre i et Vers om Sigurd Jorsalafare Fms. VII, 79. —
buza, der i norrøn Digtning ellers ikke findes før i Rimerne.
Den Omstændighed, at *buza* i Heimskr. Ól. s. helga Kap.
143 er anvendt ved Fortælling af en Begivenhed i Olav den

helliges Dage, godtgjør neppe, at Ordet i hans Tid var brugeligt i Norsk; men at det paa Sverres Tid var alminde- ligt, ser man deraf, at i hans Saga *Höfðabuzan* og *Vallabuza* nævnes som Skibenavne. *prámr*, der stammer fra det by- zantinske πέραμα, en Færje, er vel nærmest kommet fra Tydsk. Det optræder i Norsk ellers ikke før i Magnus Lagabøters Landslov. — Af romansk Oprindelse er *kuggr*, der ogsaa gjenfindes i Tydsk (se navnlig Grimm-Hildebrand Deutsch. Wtb. V, 1565), Engelsk, Cymrisk (*cwch*) og flere Sprog. Ellers ikke i norrøne Vers, før i Rimerne. Dette Ord maa dog meget tidlig være kommet ind i Norsk, hvis *kuggi* som Tilnavn for Landnaamsmanden Hjalmolvs Søn Torgrim (Landn. 3, 8) og for Tord Gellers Søn Torkell (Landn. 2, 32) er at forklare heraf. — *karfi*, som ogsaa er et fremmed Ord, er allerede brugt af Sigvat. — *ledja* er vel det russiske *ládija*; det er ellers ukjendt i Oldnorsk.

Særlig er at mærke *drómundr*. Den navnkundigste Daad paa Ragnvald Jarls Korstog var Erobringen af en *drómundr*; denne nævnes i tre Vers af Jarlen (Flat. II, 485). Da flere Mærker, som foran vist, tyde paa, at For- fatteren af Navnerækkerne har boet paa Orknøerne, saa kommer man snarest til at tænke paa, at disse Vers er forfattede efter Tilendebringelsen af Ragnvalds Korstog (1155). Dog maa jeg paa den anden Side minde om, at Torstein, Gretter den stærkes Broder, der hævnede Gretter i Kon- stantinopel ved Aar 1033 (Vigfusson, Um tímatal 484) bar Tilnavnet *drómundr*. Og dette er vel historisk paalideligt, uagtet Grettis saga i den Form, hvori vi har den, ikke er ældre end Slutningen af 13de Aarh. og uagtet Fortællingen om Torstein i Konstantinopel er bleven romantisk udsmykket.

Ogsaa flere geographiske Navne i Tulerne føre os hen til det fjærne Syden. Elvenavnene *Tifr* d. e. Tiber. *Jórdán*. *Ólga* efter det nordiske Sprogs Lydforhold omdannet af det slaviske Navn Wolga, hos Byzantinerne Βούλγα d. e. Wulga; dette Navn kunde have været kjendt i Norden lige-

fra den Tid, da nordiske Væringer gjennem Sydrusland først
færdedes til Konstantinopel. *Nepr* er Dnjepr[1]). Elvenav-
nene *Eufrates, Nilus* (dog i andre Hskrr. den norske Form
Nil), *Ganges* har Forfatteren vel hentet fra Bøger. Et Par
Ønavne give os en nærmere Tidsbestemmelse. *Krit* og *Kipr*
(Sn. E. II, 492) er Kreta og Kypros. Disse Navneformer
har Forfatteren ikke læst sig til; Navnene er gjengivne
saaledes af Nordboer, der har hørt Græker udtale dem. Vi
har her den nyere græske Udtale af η og υ som *i*. *Kipr*
blev rimelig først mere almindelig kjendt blandt Nordmæn-
dene deraf, at den danske Konge Erik Eiegod, til hvis Pris
Markus Skeggessøn digtede en Draapa, døde der (se f. Ex.
Knytl. Fms. XI, 316, Werlauff Symbolae p. 27) Aar 1103,
og fra Kong Sigurd Jorsalafares Reise (Heimskr. Kap. 9,
11). Under Kreta laa Ragnvald Jarls Skib i en svær
Storm; Skalden Aarmod fra Hjaltland, som holdt Vagt om
Natten, kvad et Vers, der slutter med: *lit ek um öxl til
Kritar*. Se Flat. II, 486. Dette er, saavidt jeg véd, den
eneste Gang, Navnet forekommer i den gamle Skaldedigt-
ning, og fra dette Aarmods Vers, der var kjendt paa Orkn-
øerne, tør Navnet være overført til Verset, som indeholder
Ønavne[2]) Denne Opfatning, at de versificerede Navneræk-
ker er forfattede, efterat Ragnvald var kommen hjem fra
sit Korstog 1155, støttes ved nogle Appellativer. Blandt
dœgra heiti nævnes (Sn. E. II, 485 jfr. 569) mellem *nox*
eller *nott* og *grima* Ordet *nis*, der altsaa maa betyde »Nat«.
Det er Middelalders Udtale af græsk νύξ. Det sidste Navn
paa Maanen er *fengari* (Sn. E. II, 485, 569), hvilket fra
den versificerede Ramse er gaaet over i Snorres Skáldskap-

---

[1]) Se Rímbegla S. 350, hvor Udgaven har optaget den feilag-
    tige Læsemaade *Hepur*.

[2]) I cod. A. M. 194, 8vo fra Midten af 14de Aarhundr. (Wer-
    lauff Symbolae p. 10) heder det: *Krit ok Kipr ero ágætaztar
    Griklands eyia*.

armál (Sn. E. I, 472). Deri har man forlængst gjenkjendt byzantinsk-græsk φεγγάρι, Maane. Vi tør formode, at Forfatteren har lært at kjende disse to Ord af Mænd, som havde været med paa Ragnvalds Korstog. Jeg minder her om den Anekdot, som Orkneyinga s. fortæller (S. 374; Flat. II, 487 f.) om, hvorledes Ragnvalds Folk, da de meget længe laa ved en græsk By, blev nødte til at lære Betydningen af Ordet *miðhæfi*, af Veien! (efter Vigfusson μεταρῇϑι), hvilket er anvendt af Jarlen i et Vers. Herhen hører rimelig ogsaa et Navn paa Ravnen *kloakan* 748 Sn. E. II, 488 (*kialakan* 757 II, 571). Som allerede ovenfor ved *gargan* er nævnt, har Oldnorsk faa hjemlige Hankjønsord paa -*an*. Vi tør da vel formode, at vi her har den byzantinske Accusativ κόρακαν, jfr. Sophocles Lexicon p. 681 b (analog med ϑώρακαν, γυναῖκαν og lignende Former hos Sophocles p. 36), som de orknøske Korsfarere forandrede til *klóakan*, idet de tænkte paa Ravnens Klo og fra sit eget Maal var vante til mange (fra Gaelisk laante) Navne og Ord paa -*an*. *kialakan* synes en mindre rigtig Skrivemaade[1]).

Naar jeg nu sammenstiller de Slutninger, hvis Rigtighed jeg i det foregaaende tror at have enten godtgjort eller gjort sandsynlig, saa er det følgende. De i Snorres Edda optagne Tuler eller Navnerækker i Kvidehaatt synes ældre end Snorre, der har benyttet dem. De synes forfattede efter Midten af det 12te Aarhundred snarest paa Orknøerne. Forfatteren har været en Mand med geistlig Dannelse men tillige med mærkværdig omfattende Kundskab om gamle nordiske Myther, Sagn og Digte.

----

[1]) Den af Vigfusson (Oxf. Ordb. p. 778) paapegede Lighed mellem *ravkn* (Sn. E. II, 490) og slav. *ranka* Haand er neppe mer end en Tilfældighed. Dette gjælder vistnok endnu sikrere den af Egilsson nævnte Lighed mellem *túsi* Ild (Sn. E. II, 486, 570) og ungar. *tüz*. Derimod er *sóta*, Kamp, (Sn. E. I, 563) optaget fra Lappisk eller Finsk.

Han har vidst god Besked om Skotland og det nordøstlige
England og har meget nøje kjendt Norges Kyst, navnlig
Vestkysten lige fra Haalogaland af. Fra Ragnvald Jarls
Korstog synes han at have hørt Meddelelser.

Hvis vi nu dristig vil søge efter en bestemt Orknøing
som Forfatter, saa er der ikke mange, paa hvem vi kan
tænke. En Formodning om, at Ragnvald Jarl skulde være
Manden, vilde være blottet for Sandsynlighed, skjønt han
siger om sig selv, at han var hjemme i Bogen (*tíð er bók*
Orkn. s. Flat. II, 440), saa at latinske Ord vistnok ikke
var ham fremmede. Et saadant Arbeide af Ragnvald vilde
efter al Rimelighed være blevet nævnt i Orkneyinga saga,
der ikke forbigaar hans Háttalykill. Og Navnerækkerne er,
som jeg har søgt at vise, forfattede efter Jarlens Korstog;
men vi tør ikke forudsætte, at han paa den Tid skulde kunne
finde Ro og Lyst til en saadan Syssel.

Der kjendes, saavidt jeg sér, kun én Mand, med hvis
Forhold alle de i det foregaaende fremdragne Antydninger
og Mærker lade sig forene. Denne Mand er Orknøingernes
Biskop Bjarne Kolbeinssøn.

Det nævnes ikke, at nogen orknøsk Geistlig før Bjarne
har syslet med Skaldskab, og dette gjælder da ogsaa den-
nes Formand paa Bispestolen Viljam (1168—1188), som er
den eneste af disse Geistlige, paa hvem man for Tidens
Skyld kunde tænke.

Bjarne var en Søn af Orknø-Høvdingen Kolbein Ruga,
der i Tiden lidt før 1150 nævnes som en ung Mand og som,
efter Udtrykkene i Sagaen at dømme (Flat. II, 472), alle-
rede dengang var gift. Bjarnes Moder var Herbjorg, Datter-
datters Datter af Orknø-Jarlen Paal Torfinnssøn. Han blev
Biskop 1188 og døde under et Ophold i Norge 15de Sep-
tember 1223 (Munch d. 664). Sagaerne give ingen Karak-
teristik af hans indre og ydre Eiendommelighed, men vi sé
tydelig, at han ved sin Personlighed har vidst at hævde og
øge den Anseelse, hvortil hans Slægtskabsforbindelser og

hans Værdighed gav ham Ret. Han optræder som Jarlernes Ven og første Mand ligeoverfor de norske Konger; han modtager i Forbindelse med Biskoppen af Ross Brev fra Innocents den 3dje om at tvinge Biskop Jon af Katanes til Lydighed, og da denne siden er bleven myrdet af Orknøjarlens Folk, faar Bjarne Sagen ordnet hos den romerske Curie. Vi tør tro, at han havde indflydelsesrige Forbindelser i Norge, som vi véd, at han havde anseede Venner paa Island i Hædersmanden Ravn Sveinbjørnssøn, der var Skald, og i Sæmund Jonssøn paa Odda, Sæmund den Frodes Sønnesøns Søn[1]). Før han er bleven viet til Biskop, nævnes han Bjarne Skald, og hans Syslen med Digtekunsten har sikkerlig bidraget til hans Anseelse. Ligesom paa Island, var paa de skotske Øer Skaldskab altid bleven hædret og øvet. Navnlig véd vi dette om den Slægt, i hvilken Bjarne vokste op, om de Mænd, der stod ved Ragnvald Kolssøns Side. Denne Jarl, der var født paa Agder i Norge og faldt 1158, var selv navnkundig som en Mester i Skaldekunsten, og Orkneyinga saga meddeler en Mængde Vers af ham. Hans Hirdmand var Islændingen Hall Torarenssøn; de forfattede begge tilsammen *Háttalykill*, som endnu er bevaret. Ogsaa en anden islandsk Skald Botolv Begla boede i Ragnvalds Dage paa Orknøerne. Tre Skalde fulgte Jarlen paa hans Jorsalfærd: Torbjørn svarte samt Hjaltlændingerne Aarmod og Odde den lille. Torbjørn døde i Akre[2]), og Odde kvad til Minde om den ypperlige Skald (*höfuðskáld*), der nu

---

[1]) Men uden Grund formoder Vigfusson Biskupa sögur I. 143, at Bjarne har været i Slægt med Haukdølerne eller Oddeverjerne.

[2]) Torbjørn (Flat. II, 475 Torberg) svarte kan derfor ikke, som Keyser Efterl. Skr. I, 327 mener, være den samme som Torbjørn Skakkaskald. Torbjørn svarte synes ikke at have været født paa Orknøerne, da han i Akre kvæder: *Varð ek um hríð með herði herþeys í Orkneyjum* (Flat. II, 486). Han var da kanské en Islænding.

skulde hvile i Muld fjærnt fra Hjemmet, et Vers, der tyde-
lig er en Efterligning af Mindeversene i Tjodolv Hvinverskes
Ynglingatal. Ogsaa af Jarlens unge Stifsøn Sigmund Angul,
som fulgte med paa Færden, meddeler Sagaen Vers.

De islandske Venner har rimelig udvidet Bjarnes Kjend-
skab til Skaldekunsten. Saavidt vi kan dømme efter de
Vers af ham, vi kjende, saa han i Skaldskab blot Kunst
og Kundskab; ingensteds spore vi en eiendommelig Digter-
natur. Gammelt Vidnesbyrd nævner ham som Forfatter af
den for største Delen bevarede *Jómsvíkingadrápa*, hvis
Æmne er Jomsvikingernes Tog til Norge og Slaget i Hjø-
rungavaag.

Særlig Opmærksomhed fortjener her et andet Digt, som
vistnok med rette er bleven ham tillagt. Under Navnet
Málsháttakvæði d. e. Ordsprogdigt har Möbius, Halle 1873,
efter en Afskrift af Jón Sigurðsson med stor Omhu udgivet
et rimet Digt bestaaende af 30 8linjede Stropher, der findes
i cod. reg. 2367, 4to. Da Digtet foreligger i en paa flere
Steder feilagtig Afskrift fra Begyndelsen af 14de Aarhun-
dred, saa kan det allerede herefter ikke vel være forfattet
senere end i 13de Aarhundred. Et Forfatternavn er ikke
givet i den gamle Skindbog, alligevel vover Möbius at nævne
et. Málsháttakvæði er nemlig skrevet umiddelbart bag efter
Jómsvíkingadrápa. Ogsaa finder der, som Möbius paaviser,
et indre Slægtskab Sted mellem disse to Digte, hvorved de
synes at adskille sig fra ældre Skaldes Arbeider. I begge
Digte benyttes Indledningsstropherne, Stevet og flere enkelte
Vers til at tale om en ulykkelig Kjærlighed, som Skalden
har næret og som han søger at forvinde ved Forfattelsen af
Digtet. Begge Digte er *drápur*, men i Diction og Metrum
holdte mer frit end sædvanlig. Det objective Indhold staar
i begge Digte uden nærmere Forbindelse med det erotiske
Element, som danner Rammen. Möbius formoder efter dette,
at Bjarne Kolbeinssøn har forfattet Málsháttakvæði ligesaa-
vel som Jómsvíkingadrápa.

Denne Formodning forekommer mig at være meget
sandsynlig. Overensstemmelser mellem begge Digte i det
sproglige Udtryk mangle ikke. Möbius har allerede nævnt,
at Kenningen *Yggjar bjórr* for Digt forekommer saavel
Jómsvdr. 1 som Málshkv. 29,s; at *sút* er anvendt om El-
skovs-Sorg Mhkv. 12,s ligesom Jómsvdr. 2. *fikjum* synes
at være et Yndlingsudtryk for Draapa-Forfatteren (Str. 11,
25, 41); det findes ligeledes Mhkv. 21,s, rigtignok ogsaa
ellers. Med *ærit viðkvæm* Mhkv. 21,s jfr. *ærit gjarn*
Jómsvdr. 2.

I Mhkv. findes som Rimord Formerne *flug* 4,6, *mula*
11,4[1]), *fúa* 18,s for de regelrette Former *flog, mola, fóa*
(Ræv, got. *fauho*, oht. *foha*, mht. *vohe*). Möbius S. 23
mener, at Forfatteren har forandret Ordene af Hensyn til
Rimet med *hug, þula, búa*. Jeg finder her snarere Dialekt-
eiendommeligheder. Dette kan støttes derved, at senere
orknøske Sprogprøver fremvise *u* for *o* i fuldkommen ana-
loge Former. Saaledes Dipl. Norv. I Nr. 404 (Kirkjuvaag
Aar 1369) *landbular* 2 Gange = *landbólar; brut, brutlegha,*
rigtignok ogsaa *brot* og *rofsmen*. I et paa Latin skrevet
Document fra Orknøerne Aar 1443, udgivet hos Munch
Symbolæ ad histor. ant. rer. Norv., læse vi *Turffeinar,
Thurwider, Thurfinus*. Som endnu brugelige Ord paa Shet-
lands-Øerne opfører Edmonston *bull* (ogsaa paa Orknøerne)
= oldn. *ból, trull* = oldn. *troll, turdeevil* = *tordifill* o. s. v.,
hvor dog vel *u* maa udtales som i Engelsk.

Derved, at Ordsprogdigtet er forfattet paa Orknøerne,
faa enkelte Udtryk deri en eiendommelig Interesse. 4,s
gagarr er skaptr því at geyja skal er brugt et sjældent Ord
for Hund, hvilket i Prosa kun forekommer som Tilnavn:
Landn. i Ísl. ss. I, 145, jfr. Hávarð. s. Ísfirð. S. 54. Dette

---

[1]) Da Rimet overalt er fuldstændigt, maa man indsætte denne
Form, uagtet Haandskriftet, saa vidt jeg har kunnet sé,
har *mola*.

gagarr sporer man endnu i det nyisl. Ordsprog *til þess er gagi að gelti* Scheving Ísl. málshættir I, 49; derimod er det aldeles ukjendt i norske, svenske og danske Bygdemaal og heller ikke lader Ordets Oprindelse sig forklare af det Nordiske. Det er aabenbart et Laanord fra Keltisk: nyirsk og gael. *gadhar* m. a dog, a mastiff, a hound (O'Reilly), a lurcher dog, a grey hound (Macleod and Dewar); hos O'Davoren *gadar* Stokes Old Irish Glossaries p. LXV[1]). *gagarr*, Accus. plur. *gagra* (Egils s. Kap. 31) er altsaa istedenfor *gaðarr, gaðra*. Samme Lydovergang lader sig oftere paavise navnlig foran *r*: oldn. *fjögur* n. pl., fire, for *fjöður, júgr* Yver for *júðr*; færøsk *legrið* == oldn. *leðrit, vegrið* == oldn. *veðrit, ægr* == oldn. *æðr, negra* == oldn. *neðra, sygri* == oldn. *syðri, á Jagri* == oldn. *á Jaðri*; se Annaler for nord. Oldkynd. 1854 S. 250 f. Af det norske Maal paa de skotske Øer kan følgende Exempler anføres. I de af Low 1774 paa Foula, Shetland, optegnede Sprogprøver staar *stug* == oldn. *stöð, i sluge* == *i slöð, bergesken* == *borðdiskrinn*. Edmonston giver (Transactions of the Philol. Soc. 1866) fra Shetland *raag*, prudence, economy, == oldn. *ráð*. Allerede i Orkney. s. Kap. 106 (Flat. II, 511) gjengives gael. *airidhean*, Flertal af *airidh* Sæter, ved *ærgin*; se Anderson Orkneyinga saga p. 187. — *gagarr* forekommer ogsaa i flere Skaldevers: *sólgagarr* Ól. s. Trygg. Heimskr. Kap. 47 hos Tind Hallkellssøn, der levede i sidste Halvdel af 10de og Begyndelsen af 11te Aarh.; *hjálmgagarr* i Darraðarljóð (Njáls s. Kap. 158), som efter Sagnet blev kvædet paa Katanes 1014; *gagarr* i Egils saga; *rægagarr* i de sene Krákumál.

---

[1]) Macleod og Dewar har ogsaa *gaothar*, som synes identisk med *gaothar*, windy, jfr. tydsk *Windhund, Wind*, dansk *Vindspiller*. Men *gadhar* kan paa Grund af Vokalen ikke forklares af gael. *gaoth* Vind, gl.-irsk *gáith, gáid*, Gen. *gáithe*. Grimm Gesch. d. deutsch. Sprache 227 nævner et irsk *gaighear*, som er mig ubekjendt.

Men det er paa Tide at vende tilbage til de versifice-
rede Navnerækker. Den Omstændighed, at Snorre har be-
nyttet disse, kan ikke tale imod, at de er Bjarnes Arbeide;
tværtimod vilde det være høist paafaldende, om ikke Snorre
havde nøie Kjendskab til Orknø-Biskoppens Forsøg i Skalde-
kunsten. Bjarne havde jo, som nævnt, flere Venner paa
Island, blandt dem Sæmund, ældste Søn af Jon Loftssøn,
hos hvem Snorre var bleven opfostret. Snorre havde selv
Stridigheder med en Brodersøn af Bjarne. Hertil kommer
det ydre Vidnesbyrd, at Bjarnes Jómsvíkingadrápa og Ord-
sprogdigtet, der vistnok ligeledes bør tillægges ham, er af-
skrevne i det Hovedhaandskrift (cod. reg.) af Snorres Edda,
der ogsaa, om end ikke fuldstændig, har optaget Navne-
Tulerne. Dog finder jeg intet Spor til, at Snorre i Heims-
kringla har benyttet Jómsvíkingadrápa[1]).

Allerede denne Draapa viser, at Bjarnes Hu var vendt
mod de gamle Sagn. Og Málsháttakvæði har i mangt og
meget samme Præg som Eddu-þulur. Begge versificerede
Forsøg er lige meget blottede for ethvert umiddelbart poetisk
Værd; begge kan efter Indholdet nærmest betegnes som
Ramser, skjønt Forfatteren i Ordsprog-Digtet har søgt at
værge sig mod, at det skulde kaldes en þula, derved, at
han har afbrudt Ensformigheden ved et Omkvæd. Indholdet
er i Ordsprog-Digtet tildels ligesom i Navnerækkerne hentet
fra Mythernes og de heroiske Sagns Verden (V. 7, 8, 9).
Og Interesse for gammeldags Ord er ligeledes umiskjendelig
i Ordsprog-Digtet. At Forfatteren i Tulerne har anvendt
Kvidehaatt, er naturligt, da der i ældre Digte oftere fore-
kom Navnerækker digtede i dette Versemaal, saaledes som
Dværgenavnene i Völuspá.

Der er maaské dem, som kunde finde det betænkeligt

---

[1]) Keyser (Efterladte Skrifter I, 329) nævner det som en Kjends-
gjærning, at Snorre har benyttet Draapaen som Kilde.

at antage, at en Mand, der var eller blev en anseet Biskop,
havde forfattet disse Vers til Skaldes Brug, da der her ikke
først er tænkt paa deres Tarv, som vilde besynge Himmelens
Konge, Hvidekrist og Maria Mø. Det er tværtimod Vikinge-
livet, som staar fremst i Forfatterens Tanker. Søkonge-
navne aabne Rækken. Efter at have opregnet Navne paa
mythiske Væsener dvæler Skalden navnlig ved Udtryk for
Kamp, som Mænds fornemste Syssel; saa følger en lang
Række af Vaabennavne. Vikingens Hjemland Havet med
Fiske, Skibe og Skibsudstyr er stillet foran Jorden. Alt
dette falder dog naturligt ind i Bjarne Kolbeinssøns Livs-
forhold. Háns Æt bredte sig vidt blandt de mægtigste
Søhaner paa de skotske Øer. Mænd af hans nærmeste
Omgivelser rage frem som Vikingelivets sidste Repræsen-
tanter. Endnu i vort Aarhundred hævede sig over Weir-
Øens[1]) grønne Volde Stenmurene af den Borg, som hans
Fader Kolbein Ruga havde bygget med vid Udsigt over Hav
og Øer. Hos Kolbein blev den ene af Svein Aasleivssøns
Sønner opfostret; hans Datter blev gift med den anden.
Bjarne var saaledes paa det nøieste knyttet til Svein, den
mægtigste og navnkundigste Mand, der havde levet i Vester-
leden uden Konge- eller Jarle-Navn.

At sammenstille i Vers Ord, for hvilke Skaldene havde
Brug, kunde ligge saa meget nærmere for Bjarne, som Ragn-
vald Jarl ved sin Háttalykill havde givet Exempel med i et
Digt at meddele Skalde Veiledning. Dette Ragnvalds Ar-
beide maa Bjarne nødvendig antages at have kjendt, da
Jarlen var hans Slægtning[2]), da baade Faderen Kolbein og
Svein Aasleivssøn havde staaet Ragnvald nær, og da Ragn-
valds Levninger blev optagne og skrinlagte ved Bjarnes
Bestræbelser.

---

[1]) W e i r hed fordum *Vigr;* dette er det eneste Ønavn fra Orkn-
øerne, som nævnes i Navnetulerne.

[2]) Bjarnes Tipoldefader og Ragnvalds Morfader var Brødre.

16*

Over Havet førte Alfarvei fra de skotske Øer til Norge,
og saa godt som hver voksen Orknøing kjendte da vistnok
enten af Syn eller Sagn Øer og Fjorde ved Norges Vest-
kyst. Om Bjarne tør vi særlig tro dette, og det ikke blot,
fordi han gjærne havde hørt og godt mindedes mange gamle
Sagn fra Norge. Vi véd, at han som Biskop var fem
Gange i Norge, som det synes, alle Gange i Bergen: ved
Bispe- og Høvdinge-Møde 1195 (Fms. VIII, 298; Munch
Historie d. 283, 288 f.); hos Kong Inge og Haakon Jarl,
1208? (Fms. IX, 192; Munch d. 543) og i Følge med
Orknø-Jarlerne Jon og David, 1210? (Fms. IX, 194); ved
Rigsmøde 1218 (Fms. IX, 279 Anm.; Munch d. 606) og
sidste Gang 1223 (Fms. IX, 325; Munch d. 653). Af
Munkelivsbogen S. 83 sees, at han havde eiet en Gaard i
Dalsfjorden i Søndfjord. Rigtignok véd vi ikke, om Bjarne
som Biskop har forfattet de Vers, der indeholde Navnefor-
tegnelser. Men paa den ene Side synes dette muligt (jfr.
Bemærkningen om *Goðmarr* ovenfor S. 226), og paa den
anden Side er det rimeligt nok, at han oftere har været i
Norge, før han indtog Bispestolen. Det er ikke usandsyn-
ligt, at Jómsvíkingadrápa's Forfatter har kjendt den ven-
diske Ø *Usna* fra et Digt eller en Fortælling om Jomsvikin-
gerne. *Heðinsey,* der forekommer i første Kvad om Helge
Hundingsbane, nævnes efter Vigfusson (Oxforder-Ordbog
S. 778 b) ogsaa i Hallfreds erfidrápa over Olav Tryggvessøn;
det er da vel derfra, at Navnet er gaaet ind i den versifi-
cerede Række af eyja heiti.

Den vundne Tids- og Steds-Bestemmelse tør lede til
Slutninger i flere Retninger. Vi sé, at der paa Orknøerne,
ligesaa vel som paa Island, ved Slutningen af 12te Aar-
hundred kjendtes en uoverskuelig Mængde af mythiske og
heroiske Sagn, som da vistnok for en stor Del var behand-

lede i folkelig Digtform. Jeg tviler ikke om, at Forfatteren
har kjendt de fleste af .de Digte, som nu forenes i den
Samling, der kaldes Sæmunds Edda; jeg finder Mærker, som
pege hen til Völuspá, Vafþrúðnismal, Grímnismál, Rígsþula
og mange flere, men Benyttelsen af disse Digte lader sig
ikke strængt bevise. Særlig fremhæver jeg, at Alvíssmál
synes at have været benyttet ved Navne paa Sol, Maane og
flere Gjenstande i de versificerede Rækker. Naar vi baade
i disse og i Fjölsvinnsmál finde *viðofnir* som Hanenavn, saa
synes det mig lidet rimeligt, at Forfatteren af Digtet skulde
have laant Navnet fra Rækkerne, medens det vel er muligt,
at begge har laant fra en ældre nu tabt Kilde. Snarest
tror jeg dog, at *viðofnir* er overført til Rækken fra Fjöl-
svinnsmál, der i saa Tilfælde allerede var til i Slutningen af
12te Aarhundred.

Af de mangfoldige mythiske Navne, som vi her i Ræk-
kerne finde optegnede for første Gang paa norrønt Maal,
fremhæver jeg enkelte, om hvilke det ikke er aldeles lige-
gyldigt at vide, at de kjendtes paa Orknøerne i Slutningen
af det 12te Aarhundred:

Jaatunen *Dofri* (om ham jfr. Gjessing Kongesagaens
Fremvæxt S. 43—50), der i Sagaerne nævnes som Harald
Haarfagres Fosterfader. Ligesaa flere fra senere Sagaer
kjendte Jaatner, som *Dumbr* og de tillige af Sakse nævnte
Gusir (hos Sakse *Cuso*) og *Ófóti*. — Blandt Odens Sønner
nævnes *Sigi* (*Siggi* 748) ved Siden af *Skjöldr* og *Sæmingr*,
og Forfatteren har da vistnok kjendt Sagnet om, at Vols-
ungerne gjennem Sige stammede fra Oden. Blandt Sværd-
navne staar *Mimmungr*, men paa vort Spørsmaal, om det
blev baaret af Valunds Søn, faa vi intet Svar. Selv blotte
Navne og Antydninger kan dog have Betydning som Led i
Slutningskjæder.

Idet jeg henviser til de i det Foregaaende forklarede
enkelte Ord, fremhæver jeg endnu i al Korthed, at de
versificerede Rækker kun med Varsomhed lade sig benytte

som Kilde til Kjendskab om oldnorsk Ordforraad. De inde-
holde nemlig, foruden Navne

1) oldnorske poetiske Udtryk;

2) oldnorske Ord, dels af hjemlig, dels af fremmed
Oprindelse, hvilke tilhørte det almindelige prosaiske Sprog
(f. Ex. de fleste *fugla heiti*), men som til Brug for Skalde
blev sammenstillede, da de kunde finde sin Anvendelse ved
Digtning, navnlig i kenningar (f. Ex. naar Ravnen kaldes
bengjóðr);

3) enkelte fremmede Ord, hvis Betydning Forfatteren
enten gjennem Bøger, Reisende eller Samfærsel havde lært
at kjende, men som hverken havde været brugte eller paa
hans Tid brugtes i norsk Prosa eller Poesi.

CPSIA information can be obtained
at www.ICGtesting.com
Printed in the USA
LVIC04n1456070214
372816LV00011B/62